Wedding Coloring Book
for Kids Ages 4-8

WEDDING DAY

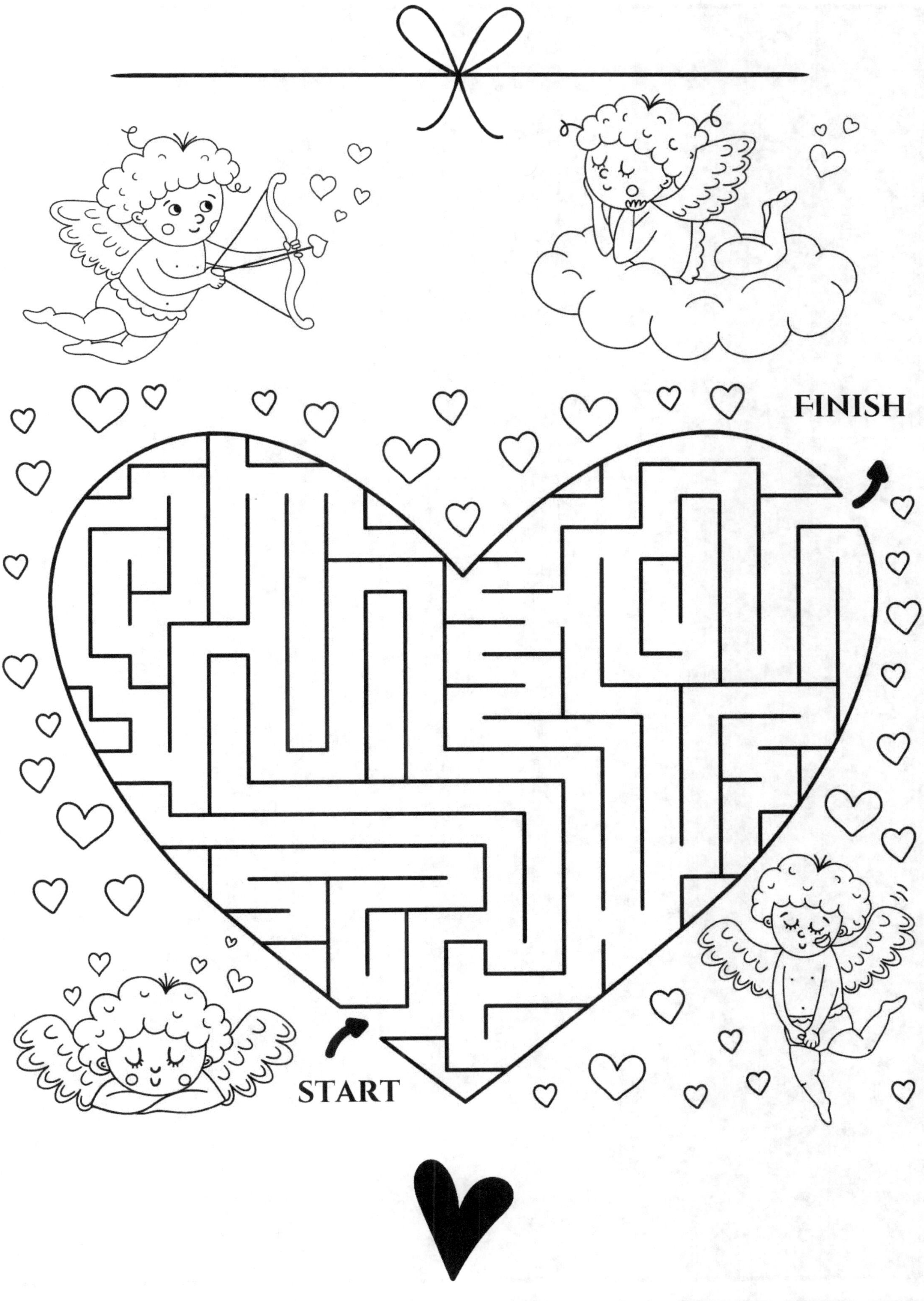

FINISH

START

SPOT **5** DIFFERENCES

SPOT **10** DIFFERENCES

SPOT 5
DIFFERNCES
AND
COLOR

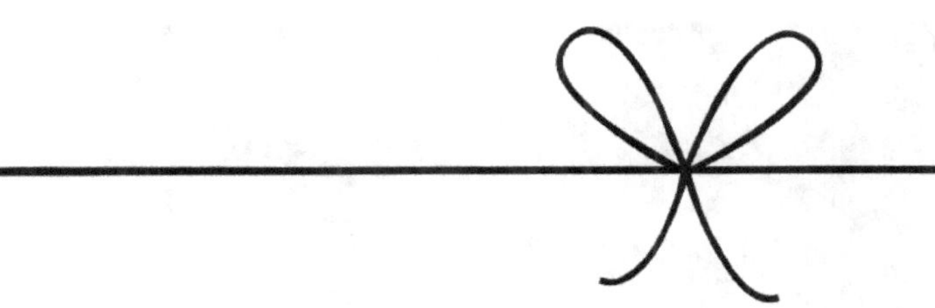

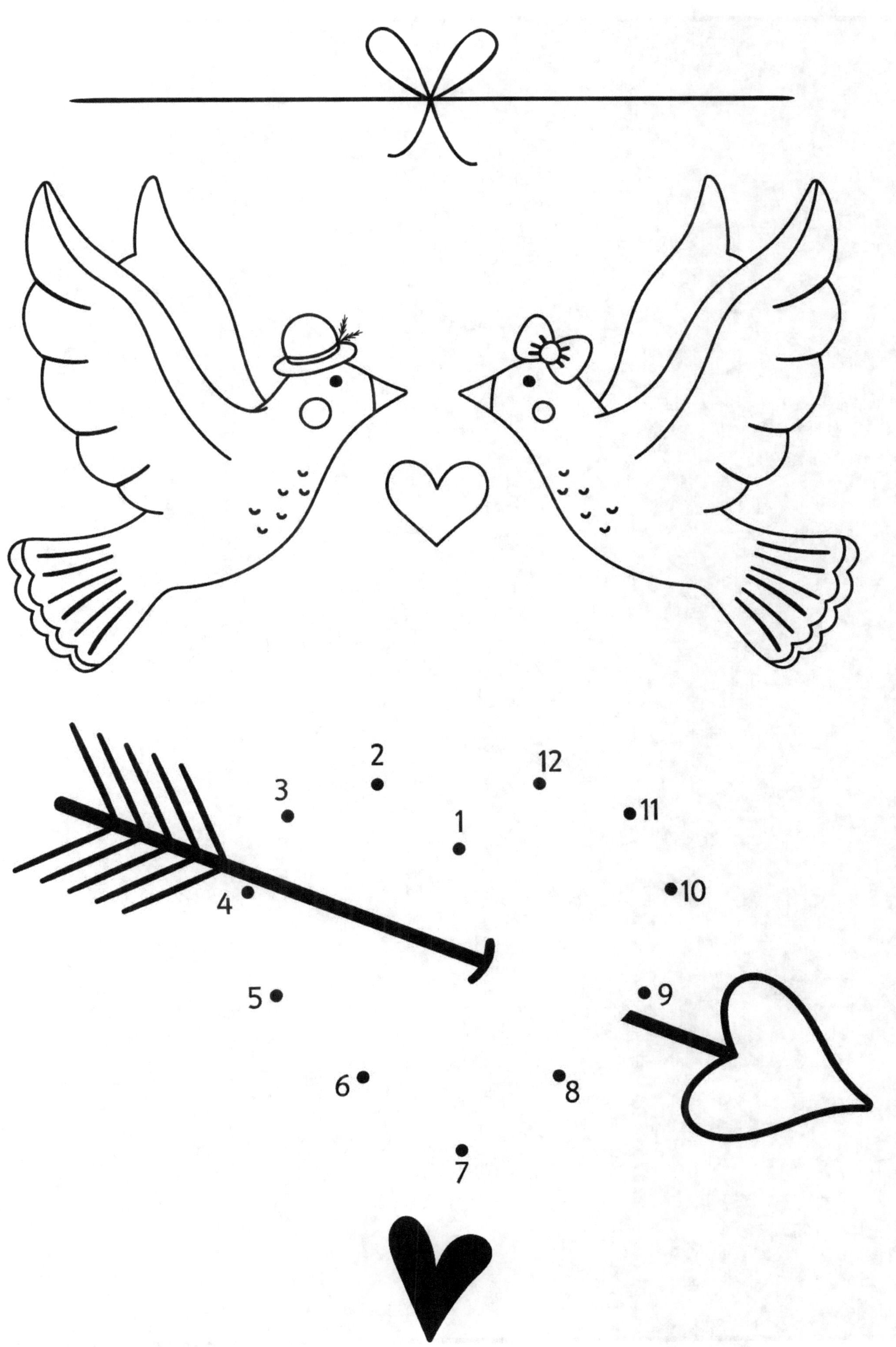

1
2
3
4
5
6
7
8
9
10
11
12

	7	7	7	7	7	7	7	7	7	7	7	7	7	7	7	
7	1	1	1	1	1	1	1	1	1	1	1	1	1	1	1	7
7	1	1	1	1	1	7	7	7	7	7	1	1	1	1	1	7
7	1	1	1	7	7	7	7	7	7	7	7	7	1	1	1	7
7	1	1	7	7	7	7	7	7	7	7	7	7	7	1	1	7
7	1	1	8	8	7	8	8	7	8	8	7	8	8	1	1	7
7	1	7	8	8	8	8	8	7	8	8	8	8	8	7	1	7
7	1	7	8	8	8	8	8	7	8	8	8	8	8	7	1	7
7	1	7	7	8	8	8	7	7	7	8	8	8	7	7	1	7
7	1	7	7	7	8	7	7	7	7	7	8	7	7	7	1	7
7	1	7	7	7	7	7	7	7	7	7	7	7	7	7	1	7
7	1	1	7	7	7	4	7	7	7	4	7	7	7	1	1	7
7	1	1	7	7	7	7	4	4	4	7	7	7	7	1	1	7
7	1	1	1	7	7	7	7	7	7	7	7	7	1	1	1	7
7	1	1	1	1	1	7	7	7	7	7	1	1	1	1	1	7
7	1	1	1	1	1	1	1	1	1	1	1	1	1	1	1	7
	7	7	7	7	7	7	7	7	7	7	7	7	7	7	7	

1 – PINK

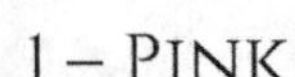

4 – BROWN

7 – YELLOW

8 – RED

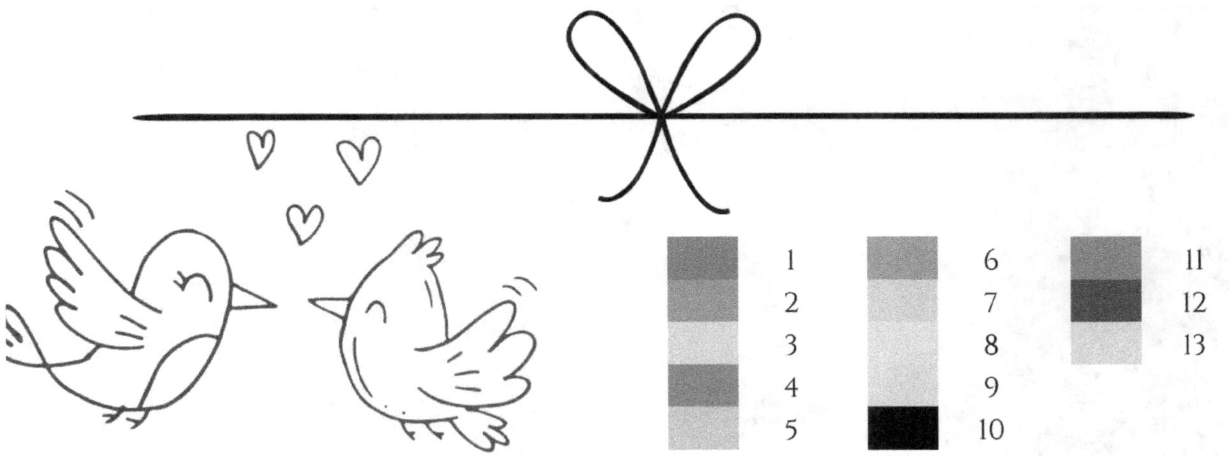

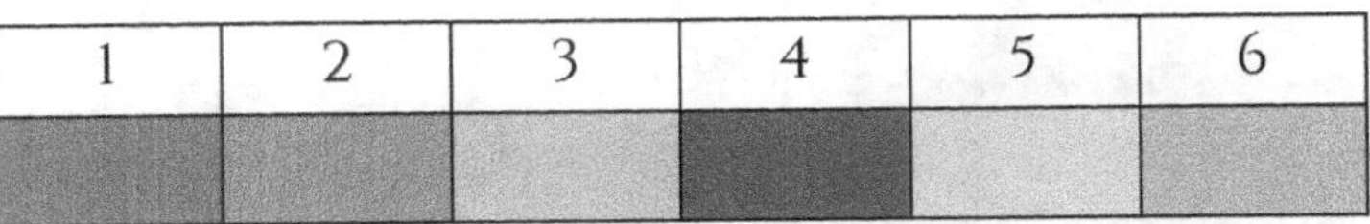

1 2 3 4 5 6
7 8 9 10 11 12 13

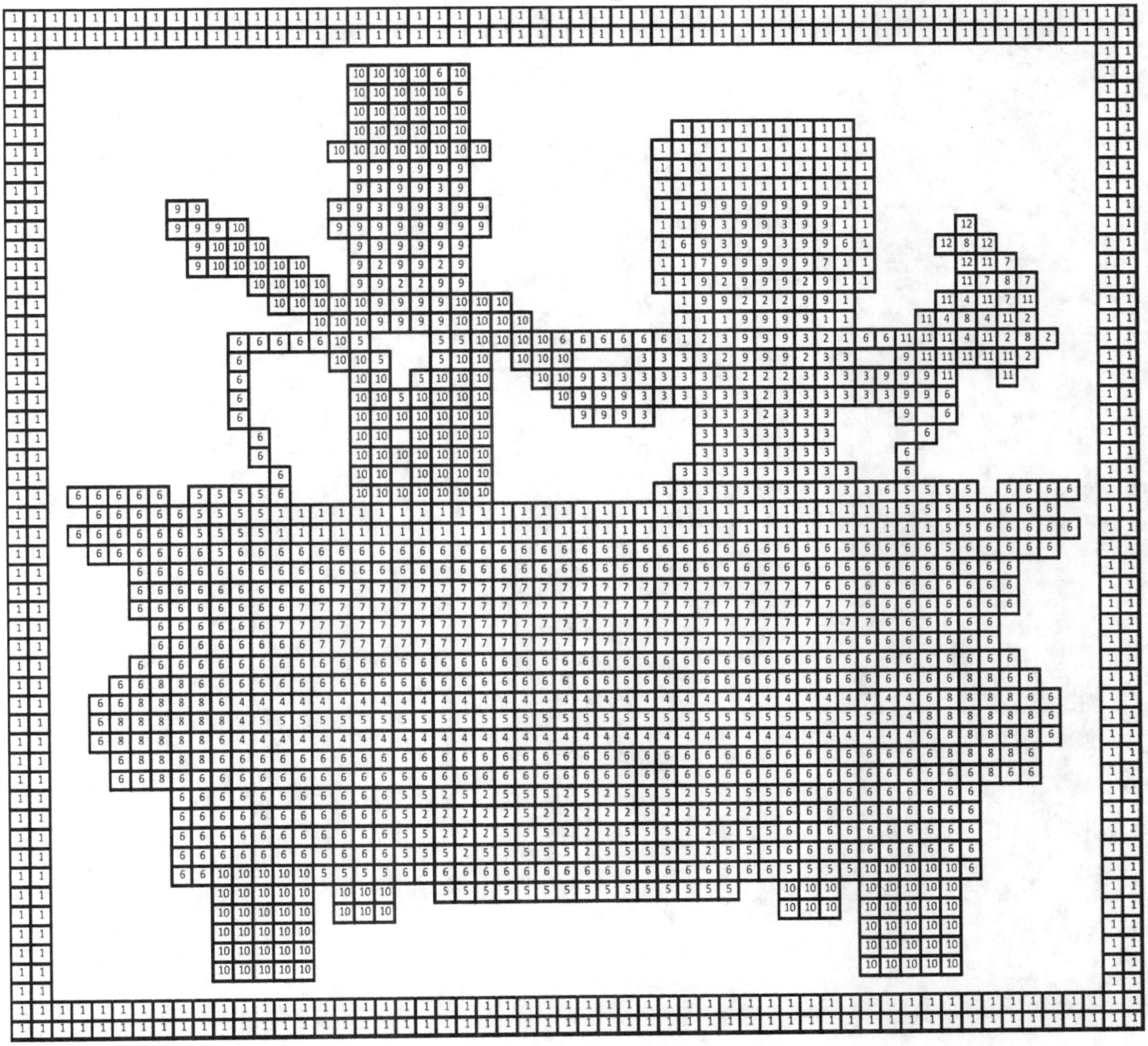

wedding

WEDDING SUDOKU

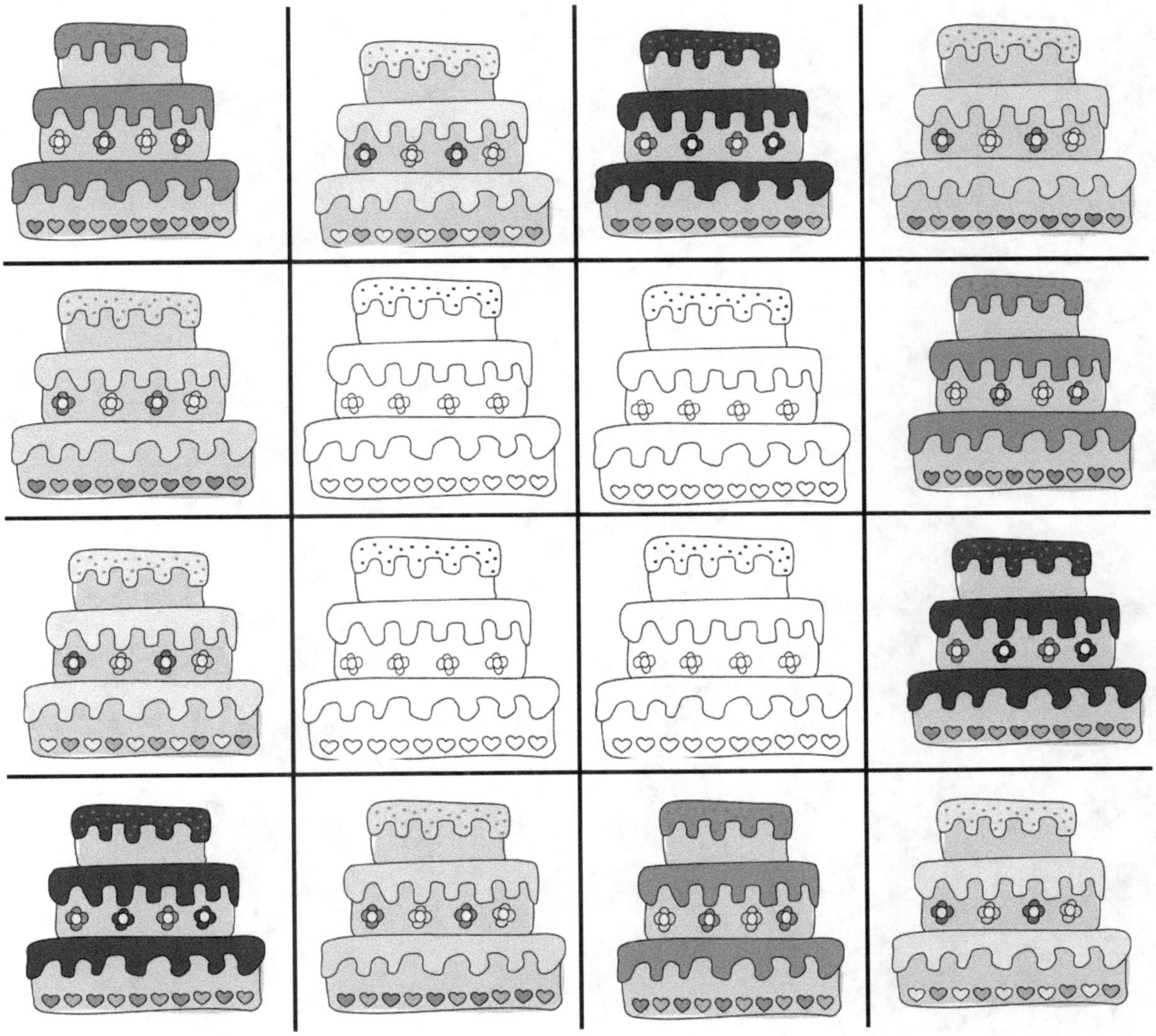

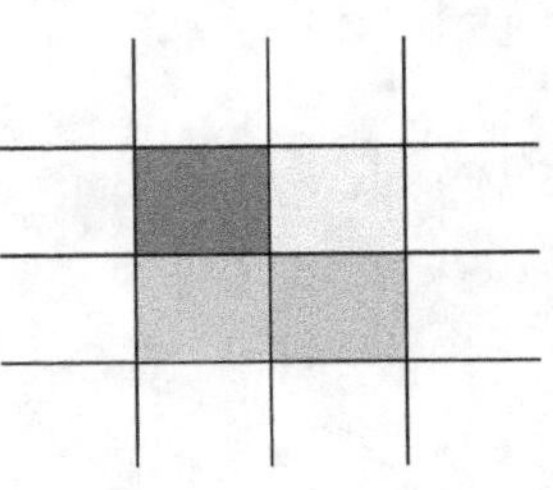

JUST MARRIED

www.ingramcontent.com/pod-product-compliance
Lightning Source LLC
Chambersburg PA
CBHW080932260726
48661CB00010B/3885